PHILOSOPHIE SCOLASTIQUE AU XXe SIÈCLE

# CRITIQUE THOMISTE
## DU
# THOMISME

PAR

JEAN COMPAGNION

Docteur en médecine de l'Université Catholique de Louvain,
Docteur en médecine de l'Université de Lille.

« *Ego Sum qui Sum* ». . . . *Ego sum qui non sum.*

## PREMIÈRE PUBLICATION

Préface.
Ch. I. — LE NON-INFINI EST INDÉFINI.
Ch. II. — DU PRINCIPE DE CONTRADICTION.

### PRIX : 1 FRANC

EN VENTE CHEZ L'AUTEUR, A MOULLE (Pas-de-Calais)

1907
Tous droits réservés.

# CRITIQUE THOMISTE DU THOMISME

SAINT-OMER, IMPRIMERIE H. D'HOMONT

LA PHILOSOPHIE SCOLASTIQUE AU XXᵉ SIÈCLE

# CRITIQUE THOMISTE
## DU
## THOMISME

PAR

Jean COMPAGNION

Docteur en médecine de l'Université Catholique de Louvain,
Docteur en médecine de l'Université de Lille.

« *Ego Sum qui Sum* ». . . . *Ego sum qui non sum.*

### PREMIÈRE PUBLICATION

Préface.
Ch. I. — LE NON-INFINI EST INDÉFINI.
Ch. II. — DU PRINCIPE DE CONTRADICTION.

### PRIX : 1 FRANC

EN VENTE CHEZ L'AUTEUR, A MOULLE (Pas-de-Calais)

1907

Tous droits réservés.

# PRÉFACE

---

J'ai cru enfin, depuis une vingtaine d'années que les problèmes philosophiques n'ont cessé de me préoccuper, devoir livrer aux philosophes le résultat de mes études et d'une longue réflexion en ces matières.

Il est entendu, ainsi que l'indique la première page de cette publication, que c'est en thomiste que je veux écrire.

C'est aux thomistes d'ailleurs que je m'adresse avant tout.

Toutefois, une modification profonde dans les idées admises jusqu'aujourd'hui par les scolastiques m'a semblé s'imposer.

C'est elle que j'ai résolu de faire connaître.

A première vue, le lecteur trouvera que mon but est de combattre le thomisme, mais bientôt, je l'espère, il se convaincra que c'est dans l'intérêt même de ce système que j'écris.

J'essaierai en effet de le raffermir en le mettant mieux d'accord avec lui-même, en le purgeant des contradictions qu'il renferme, et que l'on y rencontre en chaque endroit.

Ces contradictions sont nées,

— 1) de ce que l'on n'a pas toujours distingué entre l'absolu et le relatif, là où cependant il le fallait.

C'est ainsi que pour les scolastiques toutes les questions sont ramenées à un dilemme : *Telle chose est ou n'est pas*. En distinguant entre l'absolu et le relatif, ils auraient remarqué que, au lieu de deux, trois cas sont possibles, qui correspondent aux trois idées que nous avons tous (a) de *l'être absolu*, (b) du *non-être absolu*, (c) de *l'être ou non-être relatifs*.

Par exemple, à côté du dilemme des scolastiques disant : je suis ou je ne suis pas, je poserai cette triple alternative : (a) je suis (au sens absolu), ou (b) je ne suis pas (au sens absolu), ou (c) je suis (au sens relatif).

C'est ainsi encore que pour les scolastiques, de deux propositions contradictoires, l'une est nécessairement vraie, l'autre nécessairement fausse. Pour moi, au contraire, une troisième proposition existe qui peut être vraie, tandis que les deux autres seront fausses.

Soit par exemple ce dilemme que se posent en vain les thomistes : dans la créature, l'essence concrète est-elle identique ou non-identique à l'existence ? On verra qu'à côté de ces deux cas s'en place un troisième, à savoir la question de l'identité (ou non-identité) relative.

La question est donc triple, la voici : entre l'essence et l'existence y a-t-il identité absolue, ou bien non-identité absolue, ou bien identité relative ?

— 2) de ce que l'on a pris pour réel ou objectif ce qui n'était qu'abstrait ou subjectif.

C'est ainsi que les scolastiques diront communément : le changement est réel, le mouvement est réel, etc... On les verra alors chercher dans un « Moteur Immuable » la cause de ce mouvement réel ; comme si toute réalité créée ne devait pas se trouver, et à un degré infini, dans sa Cause créatrice ! on en est donc réduit à dire ou qu'une réalité peut être qui ne soit pas en Dieu, ce qui détruit nombre de points acquis en théodicée ; ou que la réalité-mouvement à un degré infini est l'Immutabilité, ce qui est une contradiction..... au moins dans le système tel qu'il est compris actuellement.

— 3) de ce que l'on a pris pour points de départ des pétitions de principe. C'est ainsi qu'à la base de la logique, qui est elle-même le fondement de tout le système, se trouve le principe de contradiction qui renferme implicitement, qu'on le veuille ou non, l'affirmation à priori de l'existence du temps, ou, l'affirmation à priori de l'identité absolue, au moins possible, de l'être contingent.

On verra que par ces contradictions, le système aboutit logiquement au panthéisme. Celui-ci n'est au fond que la contradiction érigée en système; et toute affirmation contradictoire ou absurde est déjà une thèse panthéiste.

Somme toute, bien que cette affirmation soit très osée, je veux signaler aux thomistes un écueil, c'est le panthéisme, auquel, j'en suis intimement convaincu, mènent droit et infailliblement les doctrines thomistes actuelles.

Le grand grief que je formule contre S<sup>t</sup> Thomas, c'est d'être resté en chemin, d'avoir été incomplet.

Après avoir conçu Dieu comme *Acte pur*, il devait, comme corollaire, concevoir la créature comme *acte-en-puissance*. Il aurait dû voir d'un côté l'Acte pur d'être, la Chose qui Est; de l'autre, l'acte-en-puissance d'être, la chose qui est et qui n'est pas.

Mais cela, il ne pouvait le faire, son principe de contradiction : « *Idem non potest simul esse et non esse* », s'y opposait.

La créature n'est pas être absolu, elle n'est

1.

pas néant absolu, elle est être en acte et en puissance.

Là git la contingence, elle est essentielle à la créature ; c'est le tout de l'être créé.

Evidemment S¹ Thomas ne considère pas explicitement l'acte d'être de la créature comme étant acte pur ; il ne le considère pas davantage comme étant acte-en-puissance. Qu'est-il alors pour lui ?

On verra qu'implicitement il le considère, bien qu'il s'en défende, comme acte pur ; il considère la créature comme étant, étant telle, et dans un état déterminé. Telle est, « *la substance* » des thomistes, ou *chose en soi*. Car qu'on veuille bien le remarquer, il faut que l'acte d'être soit acte pur ou acte-en-puissance. Il n'y a pas place pour un acte qui tantôt ne serait ni pur ni en puissance, que serait-il alors ? je le demande ; et tantôt serait acte-en-puissance, ainsi que le veulent les scolastiques.

Si je ne vois ici que deux cas, c'est parce que je me place dans l'ordre réel ou objectif ; il n'y a alors que deux cas : l'être absolu et l'être relatif.

Après avoir fait ce premier faux pas, S¹ Thomas devait forcément en faire un second. Ne pouvant plus trouver la contingence dans l'*essence* même de l'être, dans sa *substance*, il dut la chercher ailleurs, et c'est dans les abstractions dont il fit des « *entités* », qu'il la trouva. J'ai nommé le « phénomène ou accident ».

Toutefois cependant, il faut le dire, S¹ Thomas reconnaissait à la substance elle-même une contingence ou variabilité, mais passagère. Ceci s'entend des « changements substantiels ». Mais malheureusement *sa définition* de la substance s'y oppose. Car pour que la chose soit « en soi », il importe avant tout qu'elle soit « soi » ou elle-même. Elle ne peut pas être en elle-même si elle n'est pas elle-même. Or, comment peut-elle être elle-même, en tant qu'elle change, c'est-à-dire qu'elle est autre ? Donc de par sa définition thomiste, la substance, en tant que substance ne pourrait pas changer. Du moment qu'elle change, elle n'est plus elle-même, donc plus en elle-même ou « en soi » donc plus substance.

Il devait donc faire de ces abstractions des *entités*, sans quoi la contingence elle-même n'eût plus été réelle. Telle est l'origine des phénomènes, attributs et facultés réels de l'être.

C'est à ces facultés qu'il reconnaîtra une *potentialité* dans l'acte ; d'où pour lui la nécessité de les différencier réellement de l'être ou de la substance.

Être réel avec facultés et attributs réels et différents ; c'est ainsi que S$^t$ Thomas a été amené à faire des « *différences réelles* » de choses saisies abstraitement dans *un être*.

Il m'a donc paru évident que la conception qu'ont eue et qu'ont encore aujourd'hui les thomistes, de la créature, est erronée.

Leur manière de la concevoir est *ontologiste*, je le montrerai, et voilà pourquoi elle aboutit logiquement au *panthéisme*.

C'est ce qui m'a déterminé à commencer cette

série de publications, n'ayant d'autre dessein que de substituer à cette manière de penser une autre notion de la chose créée, et qui, j'espère le montrer, concorde mieux avec l'ensemble du thomisme, et en particulier avec la notion de l'*Acte Pur*, le propre de S¹ Thomas.

Evidemment, de cette nouvelle conception de la créature découlera, comme corollaire, une modification adéquate dans la solution des différentes questions philosophiques.

*Acte-en-puissance d'être*, telle sera donc pour moi la chose créée, par opposition au créateur, qui est *acte pur d'être*.

Acte en puissance d'être, voilà la créature. Dieu seul Est. Seul, Il est Celui qui est.

« Toutes les nations sont devant Lui, comme
« si elles n'étaient pas, et Il les regarde comme
« une vanité et un néant (Isaïe, Ch. XL). Ainsi,
« conclut S¹ Augustin, Dieu ne peut s'appeler
« du nom d'être, qu'à la condition que tout le
« reste, comparé à Lui, soit déclaré *ne pas être*
« *véritablement.* » Dupont, *Ontologie*. Louvain,

Avec S¹ Augustin, je dirai donc que la créature *n'est pas véritablement*. On arrivera à la concevoir non plus comme quelque chose qui est, mais comme quelque chose *en voie d'être*, c'est l'acte-en-puissance d'être, ou si l'on veut, la puissance-en-acte d'être ; ce qui est identique.

On verra que les idées d'être et de non-être sont deux idées essentielles au concept plus complexe de la chose *dite* finie ; en d'autres termes que l'on doit arriver à *formuler* que celle-ci *est et n'est pas*. Ces deux idées *abstraites* représentent, sont, pour moi, l'essence de l'être *concret* dit fini.

Sans aucun doute, dire d'une chose qu'elle est et qu'elle n'est pas, cela bouleverse le lecteur. Mais qu'il y prenne garde, s'il est choqué, c'est que précisément il verse dans une erreur grave, c'est qu'il donne aux deux termes *est* et *n'est pas*, ou à l'un des deux au moins, un sens absolu.

Or, cela saute aux yeux, dire de la chose créée qu'*elle est*, au sens absolu, est faux. Après quoi, il serait évidemment contradictoire d'ajouter qu'elle n'est pas, que cette dernière proposition soit prise au sens absolu ou au sens relatif.

De même, si le terme « *n'est pas* » est pris au sens absolu, on comprendra qu'alors on ne pourra plus dire d'elle qu'elle est, ni au sens absolu ni au sens relatif.

On le voit clairement, ce qui est choquant, c'est d'attribuer implicitement, comme le font les thomistes, qu'ils le veuillent ou non, l'être, dans un sens absolu, à la créature ; après quoi, et à cause de cela précisément, il est évident qu'on ne pourra plus dire d'elle qu'elle n'est pas.

Mais il n'en est pas ainsi, si, et c'est ce qui est nécessaire, on attribue à la chose créée, l'être au sens relatif ; ici au contraire, l'être relatif appelle nécessairement, est, le non-être relatif.

L'être n'est relatif qu'à cause du non-être. Le concept *non-être* entre dans l'idée d'*être relatif*. L'être relatif, c'est le non-être relatif, et vice-versâ...

La chose créée n'est pas être absolu, elle n'est

pas néant absolu, elle est être relatif, ou, si l'on veut, néant relatif ; elle est et elle n'est pas.

Dire qu'elle est et qu'elle n'est pas (termes abstraits) c'est lui attribuer tout simplement l'être relatif, ou si l'on veut, le néant relatif ; c'est la concevoir sous deux aspects qui lui sont essentiels, un aspect positif et un aspect négatif, tous deux relatifs.

Cette erreur se trouve manifestement renfermée à la base du système scolastique, dans le « principe de contradiction », qui veut que l'on attribue l'être à une chose à l'exclusion du non-être.

Erreur grave, car à Dieu seul on peut (et on doit) attribuer l'être à l'exclusion du non-être.

Bien que le principe de contradiction soit la base du thomisme, avant de l'étudier, je crois utile cependant d'envisager la question de la « finité » de la chose créée.

La créature est-elle ou n'est-elle pas *finie* ? Cela fera l'objet du premier chapitre.

Quant à l'ordre que je suivrai ultérieurement

dans l'examen des principales questions d'ontologie, de théodicée, de psychologie, de morale, que je compte faire dans ces publications, il ne sera autre que celui que je pense le plus apte à faire comprendre au lecteur ma pensée. D'ailleurs, que les thomistes soient bien persuadés que cette insuffisance dont j'accuse leur système, ils sont obligés de l'avouer, bien qu'ils semblent ne pas se douter de la gravité et des conséquences de leurs aveux.

Sous ce rapport, qu'on lise ces quelques lignes que j'extrais du rapport que le R. P. de Munnynck a fait sur le Congrès de Fribourg (section de philosophie), dans la revue néo-scolastique de Louvain de 1897 : « Le P. Del Prado
« défend ce qu'il considère comme la première
« de toutes les thèses thomistes : la distinction
« réelle de l'essence et de l'existence dans les
« êtres créés. L'abandon de cette vérité fonda-
« mentale équivaut pour lui à l'abandon du
« thomisme ; rien ne tient plus debout dans le
« système de S$^t$ Thomas, si l'on rejette cette

« pierre angulaire. Mgr Kiss entreprend la réfu-
« tation de cette thèse. Il refuse d'admettre
« qu'une opinion aussi *débattue* puisse être
« posée comme vérité fondamentale. Ce qui est
« véritablement fondamental dans le thomisme,
« dit-il, c'est la nécessité de l'Infini et la Con-
« tingence de la créature. Parfaitement, réplique
« le P. Del Prado, mais cette différence entre
« Dieu et la créature est précisément basée sur
« l'identité de l'essence et de l'existence en Dieu,
« et leur réelle distinction dans la créature ».

On le voit, à la base de la différence essentielle entre Dieu et la créature se trouve une question « *débattue* » entre thomistes, la question de la différence réelle entre l'essence et l'existence dans les êtres créés.

J'espère trancher cette question prochainement, car, au fond, toute la science philosophique de la créature est là.

Deux mots seulement aujourd'hui là-dessus. Je tiens pour vraies ces deux affirmations :

a) Dans l'être créé, l'essence concrète n'est

pas différente de l'existence. J'ai avec moi tous les thomistes qui soutiennent cette opinion : L'identité de l'existence et de l'essence.

b) Dans l'être créé, l'essence concrète est différente de l'existence. J'ai avec moi tous les thomistes qui soutiennent cette opinion contraire à l'autre, donc tous les thomistes restants.

Si je résume mes deux affirmations, j'ai : dans l'être créé l'essence est et n'est pas différente de l'existence.

Cela choque le lecteur qui n'est pas encore habitué aux affirmations relatives et contradictoires ou absurdes en apparence. Au lieu donc d'employer ces deux mots, je n'en emploierai plus qu'un seul ; celui-là ne sera pas..... contradictoire !

Je dirai : dans l'être créé, l'essence *diffère* de l'existence, se différencie de l'existence. Différer, c'est être et ne pas être différent. La chose qui change, par exemple, diffère d'elle-même en tant qu'elle change. C'est la différence en acte et en puissance.

Comme on le voit, je tiens pour vraies les deux opinions, parce que je leur donne un sens relatif.

Dans l'être créé, ni l'identité entre l'essence et l'existence n'est absolue, ni la non-identité. Il y a tout simplement identité relative, et ce qui est la même chose, non-identité relative.

Qui dit identité relative dit déjà non-identité relative.

Dans la créature, l'essence concrète, qui *diffère* d'elle-même, (car à l'inverse des thomistes, je soutiendrai que toutes les essences concrètes, toutes les existences concrètes, sauf Dieu, sont essentiellement muables ou mieux changeantes, ou indéfinies, et toutes les essences abstraites aussi. Dieu est la seule essence, la seule existence immuable, la seule essence ou existence non-changeante. Même notre concept, c'est-à-dire notre essence abstraite de l'absolu et de l'immuable est relatif, muable, indéfini. Dans les sciences abstraites, le concept des essences est indéfini et muable. Ex. : Pour penser la circonférence [1], je dois penser un nombre indéfini de « points à égale distance d'un autre appelé centre » ; donc le concept de la circonférence est muable et indéfini, comme le nombre de points qu'il faut penser pour la penser) dans la créature, dis-je, l'essence concrète qui diffère d'elle-même est une existence différant d'elle-même. Elle est et n'est pas différente de l'existence, elle est différant de l'existence.

En effet, si comme j'espère le montrer, l'essence *abstraite* de la créature est d'être une existence différant d'elle-même, l'essence concrète ne sera autre que cette existence se différenciant, elle se différenciera donc d'elle-même ou de cette existence.

Si j'ai adopté ce mode de publier par petites livraisons, c'est pour deux raisons : la première, parce qu'il me sera ainsi permis de répondre dans les publications ultérieures aux objections

---

1. C'est à dessein que je prends l'exemple classique des thomistes voulant démontrer le contraire.

qu'on aurait pu me faire sur celles déjà parues ; la seconde, parce que, étant donnée la nature de ces questions qui sont abstraites et difficiles, j'ai cru qu'il importait de ne pas surcharger le lecteur. On peut lire plus facilement et surtout plus attentivement une petite brochure qu'un gros volume. On peut prendre par petites doses ce qu'on ne peut avaler d'un seul coup.

Avant d'aborder mon sujet, et pour me trouver plus à l'aise dans cette innovation, je tiens à déclarer que c'est en catholique et en catholique avant tout que je veux écrire.

D'aucuns trouveront au cours de ces études un moyen de conciliation entre S$^t$ Thomas, Hégel et Kant, et entièrement au profit du thomisme.

En terminant cette préface, et ceci est pour moi un point d'une extrême importance, je m'adresse aux *volontés*. Je supplie ardemment le lecteur de *vouloir* juger mes assertions en toute bonne foi et sincérité. C'est lui qui doit juger, lui seul, comme être complet, et non pas comme faisant partie d'un tout, je veux dire d'une école.

Il y a quelques années, je faisais part, dans une lettre, de mes idées à un philosophe très éminent, chef d'une grande école thomiste dans une université importante. La discrétion m'empêche de le nommer. Il me répondit très aimablement d'ailleurs, m'invitant à venir discuter de vive-voix avec lui sur ces questions, et il ajouta qu'il était embarrassé. « Je ne vous cache pas, disait-il, que votre initiative m'embarrasse ».

Comme je n'eus pas le loisir d'aller le voir à cause de la distance, les choses en sont restées là. Est-il aujourd'hui sorti de son embarras? Je ne sais.

Il est quelquefois nécessaire d'apporter une modification dans sa manière de penser. Le progrès dans la vérité est à ce prix, et c'est un devoir rigoureux pour celui qui enseigne, de quelque manière que ce soit, d'y concourir.

Je souhaite donc que le lecteur ne soit pas

embarrassé, et s'il se trouve un moment dans l'embarras, puisse-t-il en sortir bientôt !

Il suffit pour cela d'être sincère et de bonne volonté. « *Pax hominibus bonæ voluntatis* ».

Moulle (Pas-de-Calais), le 25 décembre 1904[1].

D<sup>r</sup> JEAN COMPAGNION.

---

1. Depuis plus de deux ans ce petit travail est prêt. J'hésitais à le publier. Ce qui m'y a définitivement déterminé, c'est cette idée d'un « Dieu fini » qui tendrait à se faire jour et contre laquelle Monsieur le Comte Domet de Vorges vient de prendre la plume. Janvier 1907.

# CRITIQUE THOMISTE DU THOMISME

## CHAPITRE PREMIER

### Le non-infini est indéfini.

Avant d'aborder l'étude de l'être dit « fini », il importe de bien définir les termes à employer.

L'*infini*, c'est l'être en tant qu'on le conçoit sans aucune limite, ou privation, ou négation.

Le « *fini* » des scolastiques, « c'est l'être qui a une limite, c'est-à-dire un terme au-delà duquel il n'est plus ». Dupont[1]. Je reviendrai sur cette définition.

L'*indéfini* n'est pas infini, il est donc limité comme le « fini » mais avec cette différence, entre le « fini » et l'indéfini, que dans le « fini »

[1]. *Ontologie*. Louvain.

comme tel, la limite serait fixe, et dans l'indéfini comme tel nécessairement variable.

Quelle est donc maintenant, puisqu'il y a trois termes en présence, la contradictoire de l'infini ? Car d'après les scolastiques, il ne saurait y en avoir que deux. Est-ce le « fini » ? Est-ce l'indéfini ? Toute la question est là.

Les Scolastiques répondent que c'est le « fini » et ils opposent le « fini » à l'infini.

Pour eux l'indéfini ne saurait être réel.

En réponse à cette question, pour couper court, je fais intervenir un quatrième terme, et j'appelle *non-infini* la contradictoire de l'infini.

Ce qui n'est pas infini est non-infini.

C'est le non-infini qui est véritablement la contradictoire de l'infini : dans l'un, limite ; dans l'autre, pas de limite.

Au contraire, dans les termes « fini » et indéfini intervient une autre idée, à savoir la *fixité*. Affirmée de la limite dans le « fini », elle est niée de la limite dans l'indéfini.

On le voit, le « fini » est contradictoire de l'indéfini, donc aucun de ces deux termes ne peut être la contradictoire de l'infini, d'après les scolastiques, sans que l'autre s'identifie avec lui, car d'après eux, je le répète, il ne pourrait y avoir que deux contradictoires.

(Néanmoins, on verra que, bien que l'indéfini s'identifie avec le non-infini, le « fini » ne s'identifie pas avec l'infini pour le bon motif que le « fini » comme tel renferme deux idées qui s'excluent. Le « fini » en tant qu'on l'oppose à l'indéfini est un contre-sens. Ce mot est à rayer du vocabulaire philosophique ; je le montrerai plus loin).

Bref, j'avais raison de dire que c'est le non-infini qui est la contradictoire de l'infini, et non pas le fini. Désormais, on n'opposera donc plus le fini à l'infini, mais bien le non-infini.

C'est important.

Vient maintenant la question de savoir si le non-infini est nécessairement fini ou indéfini, ou s'il peut être l'un et l'autre.

Les scolastiques prétendent « que l'indéfini ne
« peut exister en réalité, que tout ce qui existe
« est infini ou fini. Car il n'y a point de moyen
« terme entre le oui et le non, entre l'existence
« et la non-existence des limites. Si l'être a des
« limites, il est réellement fini ; infini, s'il n'en
« a pas ». (Dupont, *Ontologie*. Louvain).

Pour eux donc, le non-infini ne peut être que fini, et l'indéfini ne peut être une réalité.

Ce dilemme du savant professeur de Louvain, bien qu'il paraisse, à première vue, irréfutable, n'est qu'une vulgaire pétition de principe. Il suppose en effet ce qui est à démontrer.

De la chose limitée, il conclut directement à la finité ; faire cela, c'est évidemment sous-entendre à priori que l'indéfini n'est pas chose limitée, ou est infini.

L'indéfini reste au contraire toujours et *indéfiniment* limité, il ne deviendra jamais infini, sans quoi il ne serait plus indéfini.

Pour que le dilemme fût bon, il aurait fallu dire : Si l'être a une limite, il est non-infini ; infini, s'il n'en a pas. Voilà les deux contradictoires, et..... les seules !

« Si l'être a une limite, il est réellement fini ; « infini, s'il n'en a pas. » — Est-ce que par hasard l'indéfini n'est pas limité ? Est-il infini ?

On le voit, Dupont sous-entend dans son dilemme que l'indéfini est infini.

Pour reprendre le dilemme en question, je dirai : ou l'être n'a pas de limite (infini), ou il en a une (non infini) ;

S'il en a une, elle change ou elle ne change pas. Si une limite peut ne pas changer, je dirai que le non-infini peut être fini ; si au contraire je prouve qu'une limite change nécessairement, est nécessairement variable, je dirai que le non-infini est nécessairement indéfini.

Or, et c'est ce que je vais démontrer, une limite ne peut pas ne pas changer, mais change nécessairement, est nécessairement variable, donc le non-infini doit nécessairement être déclaré *indéfini*.

Mais avant, au dilemme de Dupont tendant à démontrer la finité de la réalité non-infinie, et dont je crois avoir fait justice, j'oppose cet autre pour démontrer, contre les idées admises en scolastique, que ne pas admettre l'indéfinité du non-infini, c'est aboutir logiquement au panthéisme sous toutes ses formes.

Ce dilemme, que je me plais à appeler du nom suggestif de *panthéi-scolastique*, le voici :

Ou bien il n'y a pas de différence entre le fini et l'infini (1<sup>re</sup> concl. panth.), ou bien il y en a une;

S'il y en a une, ou elle est finie ; ce qui revient à dire que le fini ajouté au fini peut égaler l'infini (2$^{me}$ concl. panth.); ou elle est infinie.

Or si elle est infinie,

1) elle ne peut pas être conçue plus grande, donc le fini ne peut pas être conçu plus petit, donc il est égal au néant absolu (3$^{me}$ concl. panth. nih.).

2) elle ne peut pas être conçue plus petite non plus, sans quoi nous serions ramenés au cas de tantôt, à savoir que deux finis égaleraient l'infini. — Les deux finis seraient ici la différence supposée plus petite et le reste qu'il faudrait lui ajouter pour avoir la différence sur laquelle porte le raisonnement, et qui, dans l'hypothèse, est infinie.

Donc si la différence entre le fini et l'infini ne peut pas être conçue plus petite, le fini ne peut pas être conçu plus grand, il est donc infini lui-même (4$^{me}$ concl. panth.).

Comme corollaire, il faut ajouter que le fini est Immuable (5$^{me}$ concl. panth.)

A la rigueur, on pourrait peut-être encore conclure à la négation de toute différence réelle entre les finis..... mais en voilà assez, je n'insiste pas.

Toutes les conclusions sont donc panthéistes.

Et je ne vois pas d'échappatoire pour les scolastiques au dilemme ainsi posé selon leur logique et leur ontologie.

Voilà donc où conduit logiquement cette affirmation que tout être réel est infini ou fini.

Je crois utile et même nécessaire de faire ici une digression, pour montrer que dans les mathématiques, *dites* sciences exactes, on commet une erreur analogue à celle que je combats, et qui consiste à identifier le « fini » des scolastiques, ou l'indéfini, à l'infini.

Les mathématiques auraient donc cette tendance au panthéisme; ce reproche leur a d'ailleurs été déjà fait.

Témoin la démonstration de la proposition X, livre IV, des éléments de géométrie par Legendre et Blanchet.

L'auteur, aux pages précédentes, commence par donner la définition de la variable et de la limite.

« On appelle quantité *variable*, dit-il, une
« quantité qui prend successivement différents
« états de grandeur.

« On appelle *limite* une grandeur fixe dont
« une quantité variable peut approcher d'aussi

« près qu'on veut sans pouvoir l'atteindre.

« Par exemple, si l'on prend le milieu C d'une
« droite AB, puis le milieu c' de CB, et ainsi de
« suite, les lignes AC, AC', Ac" auront pour
« limite AB. »

On voit de suite l'importance que cela a pour le philosophe, car en transposant ces données en ontologie, la *variable* ne sera autre que le non-infini ou l'*indéfini*, et l'*infini* sa *limite*.

Après quoi l'auteur continue et donne le théorème suivant avec la démonstration :

Lorsque deux quantités variables A et B sont constamment égales en s'approchant de leurs limites L et L', ces limites .nt égales.

Supposons que les variables A et B restent au-dessous de leurs limites, on pourra poser

$$L = A + a \qquad L' = B + b$$

a et b pouvant devenir plus petits que toute grandeur donnée.

Retranchant ces égalités membre à membre, on a

$$L - L' = A - B + a - b$$

et puisque par hypothèse A = B, on a

$$L - L' = a - b$$

Or, si on supposait entre L et L' une différence d, on aurait : $d = a - b$ ; ce qui est impossible, puisque a et b, et par suite leur différence, peuvent devenir moindres que toute quantité donnée.

Ce n'est pas au théorème que j'en veux, il me laisse indifférent pour le moment, mais c'est à la démonstration.

Celle-ci est d'abord contraire à l'hypothèse, c'est-à-dire aux définitions de la variable et de la limite ; de plus, elle est fausse.

Je reprends ; l'auteur dit : « supposons que « les variables restent en dessous de leurs « limites ». — Or, c'est toujours ainsi de par définition.

L'auteur ajoute ensuite : « $a$ et $b$ pouvant devenir plus petits que toute grandeur *donnée* ». — Oui ! c'est vrai, mais... restent toujours une grandeur *quelconque*, car en dessous de toute quantité donnée il y a toujours une grandeur quelconque plus petite.

C'est toujours ainsi, mais ici ce l'est *de plus* de par définition, car $a$ et $b$ n'égaleront jamais zéro, ou sinon A et B auraient atteint leur limite, ce qui est contraire à la définition et à l'hypothèse.

En effet on pose
$$L = A + a \qquad L' = B + b$$
Or, si $a$ et $b$ égalent zéro, on a
$$L = A \qquad L' = B.$$

L'auteur veut rendre $a$ et $b$ égaux à zéro, pour pour pouvoir dire que leur différence d l'est aussi.

Il veut escamoter $a$ et $b$ sous prétexte qu'ils peuvent devenir aussi petits qu'on veut ; sous ce prétexte il veut les rendre égaux à zéro.

L'auteur conclut donc qu'il n'y a pas de différence entre $a$ et $b$ parce que $a$ et $b$ peuvent devenir moindres que toute quantité donnée. Ce qui veut dire que $d = 0$, parce que $a$ et $b = 0$ ; et $a$ et $b = 0$, parce qu'ils peuvent devenir moindres que toute quantité donnée.

En dessous de toute quantité *donnée*, l'auteur ne voit pas qu'il y a une quantité plus petite *indéterminée*.

Il ne voit pas non plus que sa conclusion est contraire à sa définition, que $a$ et $b$ ne peuvent jamais égaler zéro, sans quoi les variables A et B auraient atteint leur limite L et L', et A égalerait L et B égalerait L'.

On comprend la GRAVITÉ de cette erreur ; cela m'importait d'autant plus que pour moi le non-infini est une *variable*, et que l'infini est la *limite* de cette variable.

C'est pourquoi je n'ai pu laisser passer cette

démonstration sous silence, d'autant moins qu'elle fait partie d'une science *dite* exacte et qu'il est plus que probable que dans les mathématiques supérieures, elle sert de base.

L'auteur d'ailleurs nous en avertit dans sa préface : « La méthode des limites, dit-il, est la *seule applicable* dans les parties élevées des mathématiques ».

Cette erreur est on ne peut plus grave de conséquences, car elle consiste à supprimer la *différence essentielle* entre la variable et sa limite, et pour le philosophe entre l'indéfini et l'infini, sous prétexte que cette différence peut devenir aussi petite qu'on veut.

Or, dire aussi petit qu'on veut n'est pas dire égal à zéro ; c'est juste l'inverse.

Lucifer, variable *la plus près* de sa Limite (Dieu), dans son orgueil n'a pas fait autre chose. Il a supprimé cette différence, a rendu *a* égal à zéro, sous prétexte aussi que *a* devenait de plus en plus petit ?!?

Pour moi, je suis logique avec moi-même quand je dis que la quantité qui ne peut pas être conçue plus petite (voir mon dilemme panthéi-scolastique) doit égaler zéro, ..... car à toute quantité donnée qui n'est pas égale à zéro on peut concevoir une quantité moindre.

Mais revenons à notre indéfini.

On a vu que par le dilemme panthéi-scolastique l'affirmation que tout être réel est infini ou fini conduisait à toutes les formes de panthéisme.

Pas n'était besoin d'un si long raisonnement pour prouver que l'attribution de l'idée de fini à l'être non-infini conduisait nécessairement aux doctrines panthéistes.

Même la simple analyse du concept fini nous induit déjà au panthéisme, car ce concept est ontologiste et contradictoire. Or la contradiction et l'ontologisme, c'est tout le panthéisme.

On définit en effet le « fini » « un être qui a « une limite, c'est-à-dire un terme *au delà* duquel « il n'est plus ». (Dupont, *Ontologie*). Ce qui revient à dire qu'en deçà de son terme, il Est. C'est ontologiste.

Je prie le lecteur de remarquer que ce n'est pas ici un jeu de mots. Par cette définition[1] on

1. Cette définition n'est qu'une pure image de l'étendue. Or, dit Balmès, à propos de l'étendue, « la continuité en tant que représentation sensible est un phénomène pure-

prétend en effet éliminer par abstraction la limite ou non-être de l'être. Ce qui reste serait évidemment alors l'être conçu sans limite, ou l'Être absolu, comme aussi la négation pure de tout être serait la Négation Absolue.

Qu'on le veuille ou non, et ceci est d'une importance capitale, *c'est la limite qui fait partie essentielle* de l'être dit fini, et son « au-delà » ne nous intéresse en aucune façon.

La limite, c'est l'idée de négation ou de non-être, elle est essentielle à l'être « fini ». Voilà tout.

Dans l'être limité, considéré en lui-même, il n'y a pas d'« *au-delà de la limite* »... ni d'*en deçà*, car la limite en fait partie essentielle.

Le « au-delà de l'être » ne fait plus partie de l'être, et peut-il y avoir un « en-deçà de l'être » ? C'est ce que l'on dit en disant en deçà de la

ment subjectif ». Elle pèche donc encore par deux autres endroits : 1) nous représentant l'étendue, elle perd son caractère de généralité. Comment s'appliquera-t-elle aux esprits, à la liberté, à l'intelligence, à la vie, etc...? 2) au lieu de donner *l'essence* de la chose concrète non-infini, elle nous donne l'*image* de ce qui est, au dire du grand Balmès, un simple phénomène subjectif, la continuité.

limite, car la limite en fait partie essentielle. De plus, et ceci est extrêmement important, dire qu'on peut aller au-delà ou rester en-deçà de la limite ou négation, c'est dire évidemment qu'on peut concevoir dans l'être « fini » la limite ou négation pure de tout être (Néant absolu), et aussi l'être pur de toute négation ou limite (Être absolu), donc avoir une idée adéquate de l'Être absolu (ontologisme), et du Néant absolu, et c'est reconnaître implicitement que le concept de d'être « fini » nous donne à l'analyse deux idées contradictoires (exclusives), les idées d'Être absolu et de Néant absolu.

Bien loin d'aller au-delà de la limite ou de rester en-deçà, je n'atteins ni la négation comme telle, ni l'être comme tel.

Mgr Mercier encourt le même reproche, quand il dit dans son ontologie : « La limite d'une réalité est la négation d'une réalité ultérieure ». — Oui ou non, la première réalité, la réalité positive est-elle conçue au moyen de la *note être*, abstraction complète faite de toute idée de non-être. Si oui, *cette note être* est inévitablement l'idée d'Être absolu, et inversement la note par laquelle nous concevons la réalité ultérieure négative abstraction complète faite de toute idée d'être sera l'idée de néant absolu. Si non, *la note être* n'étant pas dégagée entièrement de toute idée de non-être, c'est de cette note même qu'on la dégage, qu'on l'abstrait, et que nous fait alors la réalité ultérieure ?

Acte-en-puissance d'abstraire ou de séparer, je ne suis qu'*en voie* d'atteindre ou de concevoir l'être et la négation comme tels. Et s'il ne me restait plus une puissance à actualiser dans cet acte, *j'aurais conçu* l'Être comme tel, et le Néant absolu. Ce qui est absurde.

Nous ne sommes qu'en voie de concevoir l'absolu. D'une part, nous ne pouvons pas dire que dans l'être « fini », nous concevons séparément la limite (ou négation) et l'être ; d'autre part, pour concevoir l'être limité, il faut que nous ayons les idées de limite (ou négation) et d'être, puisqu'elles sont essentielles au concept d'être limité.

Le moyen de conciliation se trouve dans cette proposition, à savoir que *je suis en voie* de séparer ou d'abstraire, donc de concevoir ces deux idées d'être et de non-être.

La séparation ou abstraction est incomplète;

elle est en voie de se faire ; et tant que je concevrai par abstraction, je ne concevrai pas autrement, c'est-à-dire par une abstraction incomplète. L'acte d'abstraire étant essentiellement imparfait sera toujours et nécessairement un acte-en-puissance, donc *incomplet*.

Ainsi donc, par l'attribution de l'idée de « fini » au non-infini, 1) on conclut par le *dilemme panthéi-scolastique* au panthéisme, 2) l'idée de « fini » le renferme déjà non pas seulement de par la *définition* dont je viens de parler, mais aussi, comme je le prouverai plus loin 3) de par la *notion de fixité* ou de non-variabilité qui lui est attachée, par opposition à l'idée d'indéfini.

Pour répondre à la difficulté de mon dilemme, je dis qu'entre l'infini et le non-infini la différence est *indéfinie*. Ce qui revient à dire qu'en ajoutant indéfiniment au non-infini, on n'arrivera jamais à le rendre égal à l'infini.

C'est nécessaire et c'est suffisant.

Or, soit dit en passant, si la différence est indéfinie, il faut qu'un des deux termes le soit aussi. Ce sera donc le non-infini.

Mais dira un contradicteur qui n'a pas encore bien saisi, si la différence n'est pas infinie, il faut qu'elle soit *finie*, et la difficulté reste entière;

Ma réponse est que le mot « fini » doit être rayé du vocabulaire philosophique. Ce mot renferme deux idées contradictoires qui s'excluent l'une l'autre, les idées de limite et de non-variabilité ou fixité. C'est un contre-sens.

En effet, l'idée d'être non-infini ou limité implique essentiellement celle de changement, comme l'idée d'être infini implique essentiellement celle d'immutabilité.

Dire être non-infini, c'est dire être changeant; comme dire être infini, c'est dire être immuable.

La raison en est, qu'à l'analyse, l'être non-infini nous fournit nécessairement les deux idées d'être et de non-être. De l'infini seul nous excluons toute idée de non-être, et cette idée de non-être que nous excluons de l'infini, nous devons nécessairement l'affirmer de l'être non-infini, car l'essence de l'infini étant d'être à l'exclusion de tout non-être, *seule, l'idée de non-être* appliquée au non-infini, pourra apporter entre les deux termes une différence essentielle, attendu qu'en dehors de l'idée générale d'être, il n'y a plus que celle de non-être.

Or, ces deux idées d'être et de non-être qui sont le résultat de l'analyse de l'être non-infini sont nécessairement prises au sens relatif, car

1) c'est un fait de conscience qu'elles ne nous donnent ni l'idée d'Être absolu ni celle de Néant absolu (ou ontologisme).

2) c'est le résultat d'un fait psychologique, à savoir que notre acte d'abstraire n'est pas un acte pur ou absolu mais un acte-en-puissance; donc ces deux idées ne sont qu'en voie d'être séparées.

3) l'affirmation du contraire est une thèse ontologiste et aboutit à la contradiction, à l'absurdité d'après laquelle l'être non-infini nous serait représenté par les deux idées de Néant absolu et d'Être absolu.

Or, que sont les idées abstraites d'être relatif et de non-être relatif ? Qu'est-ce que cette idée abstraite d'être qui n'est pas, sinon l'idée d'acte-en-puissance ; et celle de non-être qui est, sinon celle de puissance-en-acte ? Or en synthétisant ces deux idées abstraites d'être et de non être, ou celles d'acte et de puissance, nous avons le concept de l'être réel non-infini, le concept *d'acte-en-puissance.*

L'acte-en-puissance, dans lequel par abstraction on conçoit la puissance (qui est en acte), et l'acte (qui est en puissance), est donc une chose concrète, un être réel, l'être concret non-infini.

Rejeter cette affirmation serait l'abandon de la notion de l'Acte Pur.

Nous arrivons donc ainsi à concevoir l'être non-infini comme acte-en-puissance.

Or, l'acte-en-puissance, telle est d'après Aristote et St Thomas la définition même du *movens*, je dis *movens* et non pas *motus*, (cela importerait peu à la démonstration, car l'idée de changement restant liée nécessairement à celle de l'être non-infini, la conclusion serait la même) parce que le mot *movens* indique un être réel concret, un être changeant. Le *motus* n'est qu'un changement, une simple abstraction, une forme de notre esprit; et nous sommes ici en plein dans l'être concret, qui nous est représenté par les idées abstraites d'être et de non-être relatifs comme un non-infini, ou par celles d'acte et de puissance relatifs comme un acte-en-puissance, ou essentiellement changeant, *movens*, donc indéfini.

Je crois donc avoir démontré *à priori* que

l'être non-infini est essentiellement changeant, parce que « être qui n'est pas et qui est » parce que « acte-en-puissance » ; comme en théodicée on démontrera que l'Être infini est essentiellement non-changeant parce qu'être qui Est, parce qu'Acte Pur.

La négation relative implique changement comme l'être absolu implique l'Immutabilité.

Il faut arriver à dire que l'idée abstraite de limite étant celle de négation relative, n'est autre que celle abstraite de puissance (en acte), comme aussi celle d'être relatif est celle abstraite d'acte (en puissance) ou sinon *il faut renoncer à la notion de l'Acte pur*. Or ce sont ces deux idées abstraites qui nous représentent l'être concret relatif, l'acte-en-puissance, l'être en voie d'être.

Le changement est le seul mode possible, pour une chose, d'être et de ne pas être, de participer, si je puis employer cette figure, à l'être et au non-être, d'être non-infini.

*Le non-infini, essentiellement variable, est donc indéfini.*

Il n'y a donc pas place, comme le veulent les scolastiques, pour un être qui tantôt changerait, tantôt ne changerait pas. Il n'y a que l'Être qui essentiellement ne change pas, et l'être qui essentiellement change : Acte pur ou acte-en-puissance.

Il n'y a pas place pour un acte qui ne serait ni acte pur ni acte-en-puissance. Quel serait-il d'ailleurs ?

S$^t$ Bonaventure et même S$^t$ Thomas, en parlant des substances contingentes *spirituelles* semblent adopter cette manière de penser. Ils ont mieux conçu, me semble-t-il, l'esprit que le corps ; les *apparences sensibles* les auraient-ils quelque peu trompés ?

En donnant aux mots matière et forme le sens de puissance et d'acte, voici ce qu'ils disent dans quelques phrases que j'extrais de l'ontologie de Mgr Mercier aux pages 94 et 95 :

« S$^t$ Bonaventure élargit le sens du mot ma-
« tière, et se trouve ainsi amené à affirmer la
« *composition matérielle* de toute substance con-
« tingente, fût-elle une substance spirituelle. »

S$^t$ Thomas dit aussi : « et sic in substantiâ
« spirituali est *compositio potentiæ et actus*, et
« per consequens formæ et materiæ, si tamen
« omnis potentia nominatur materia. »

J'extrais encore cette autre phrase : « Mais

« S¹ Bonaventure exige davantage, semble-t-il ;
« selon lui, l'essence même de l'ange est *com-*
« *posée de puissance et d'acte*, donc de matière et
« de forme. »

*A postériori*, on verra plus tard que le non-infini change réellement. En définissant la vie par les mots « motus » etc... les scolastiques le reconnaissent pour les êtres vivants[1]. On verra qu'il en est ainsi chez les êtres inorganiques.

— Certains philosophes grecs niaient le mouvement. De l'immobilité de la chose ils concluaient à son immutabilité ou à l'impossibilité pour elle de passer à l'état de mobilité.

Ils étaient logiques.

De l'immobilité d'une chose il faut conclure à son immutabilité.

Mais c'est leur point de départ qui était faux ; ils n'auraient pas dû conclure à la négation du mouvement, c'était l'immobilité qu'ils devaient nier.

En effet, a) Comme nous l'avons vu, la chose qui ne change pas est dépourvue de toute limite

---

1. Il s'agit ici de la vie chez les êtres contingents, évidemment.

ou négation, ou puissance, donc elle est Acte pur, Infini, donc ne peut pas changer.

b) Pour passer de l'état de non-changement à l'état de changement, c'est-à-dire d'un état à un autre, il faut changer. Ce second état de changement exige donc un changement préalable ; à moins de dire qu'une chose peut se trouver dans deux états différents sans avoir changé (ceci est la négation du changement, donc de la contingence). Or, préalablement à cet état, par hypothèse, la chose ne change pas.

Ce serait en tant que non-changeante qu'il faudrait que la chose changeât pour être changeante (contradiction) ; car en tant que changeante évidemment la chose, pour être changeante, ne doit pas changer sous ce rapport général de changement. En d'autres termes, une chose qui ne change pas ne peut pas devenir changeante.

Je reviendrai dans une publication ultérieure sur cette question de l'immobilité apparente de la substance contingente, elle fait partie de la question des « *états* », de la « *succession réelle* », du *temps* et de « *sa divisibilité* ».

Avant de clore ce chapitre, je dirai un mot

de la manière dont traite cette question de fini et d'indéfini, Mgr Mercier, dans son ontologie ou métaphysique générale, ouvrage très savant et très apprécié du monde philosophique, et publié en 1902.

Pour lui la question se résout aussi à un dilemme. Je copie : « Dans la nature, dit-il, « tout être est fini en acte ou infini en acte : « entre les deux il n'y a point de milieu.

« L'indéfini n'existe pas comme tel.

« L'indéfini est l'œuvre de la pensée ».

Sur ce, l'auteur donne trois exemples pris dans les sciences abstraites. Le premier est l'exemple de la circonférence dans laquelle est un polygone inscrit, duquel les côtés peuvent augmenter indéfiniment en nombre, sans se confondre avec elle.

Le polygone est donc une variable qui n'atteindra jamais sa limite ou la circonférence.

« Le *rapport* entre la variable et sa limite, « dit-il, est une quantité qui peut devenir aussi « petite qu'on le voudra, s'approcher *indéfini-* « *ment* de zéro ; mais jamais un polygone régu- « lier, quel que soit le nombre de ses côtés ne « sera une circonférence, jamais l'expression du

« rapport entre la variable et sa limite ne sera
« réduite à zéro, elle sera toujours une quantité
« *finie* ».

Il donne ensuite et de même deux exemples analogues tirés des fractions, en arithmétique... et c'est tout.

Que faut-il penser de cette argumentation?

Elle a deux parties. 1) Il y a d'abord le dilemme pour lequel je renvoie le lecteur à ce que j'ai dit au sujet du dilemme de Dupont. Ce dilemme, je l'ai montré, est une pétition de principe.

2) Il y a ensuite cette affirmation : « L'indé-
« fini n'existe pas comme tel, l'indéfini est
« l'œuvre de la pensée ». Laquelle affirmation est tout simplement appuyée par trois exemples. Comment appeler cette démonstration? Evidemment de ce que trois indéfinis ne seraient pas réels, il ne s'ensuivrait pas qu'aucun indéfini n'est réel.

On trouve dans le monde des abstractions des indéfinis abstraits et on en conclut que tous les indéfinis indistinctement le sont.

Certes ! c'eût été trop fort de rencontrer des indéfinis réels dans les sciences abstraites.

Mais il y a plus que ce sophisme; dans son exemple Mgr Mercier semble confondre l'indéfini avec le fini. En effet, il doit y avoir dans l'exemple un *indéfini*, puisque l'exemple est donné pour nous le montrer. Quel est donc cet indéfini, sinon cette quantité variable s'approchant indéfiniment de zéro? Or, l'auteur la prétend aussi finie, « elle sera toujours une quantité *finie* ».

Voilà que cette quantité indéfinie est finie.

A la page précédente l'auteur cependant distinguait entre le fini et l'indéfini, quand il disait que l'indéfini a une limite essentiellement, mais n'a pas de limite fixe. L'auteur aurait donc dû dire : cette quantité est *indéfinie* « elle sera toujours une quantité » indéfinie ou *non-infinie*.

Il faut donc dire qu'en tant que je conçois une variable s'approchant indéfiniment de sa limite, je conçois une quantité (rapport, différence) diminuant (ou augmentant) indéfiniment, donc quantité (rapport, différence) *indéfinie*, mais ne pouvant jamais égaler zéro, donc restant toujours une quantité, non pas finie, ce qu'ajoute l'auteur en question, mais *non-infinie*, ou *indéfinie*.

Quant à l' « expression » de ce rapport, mot

duquel l'auteur voudrait peut-être arguer, si elle est exacte elle nous représente quelque chose d'indéfini, de non-infini ; si elle n'est pas exacte, elle ne doit nous offrir aucun intérêt.

En définitive, la preuve, que l'indéfini ne peut exister en réalité, n'existe pas.

Pour moi, je crois avoir démontré le contraire.

Au lecteur de se persuader, de prendre parti !

## CHAPITRE DEUXIÈME.

**Du Principe de Contradiction.**

Ce principe : *Idem non potest simul esse et non esse*, a une importance capitale chez les scolastiques. Il énonce, disent-ils, une vérité d'évidence immédiate. Ce qui les dispense, croient-ils, de répondre au contradicteur qui ne saurait l'admettre.

« Vous mettez en question un principe auquel
« je dois nécessairement faire appel dans la dis-
« cussion. » Telle est la réponse qui m'a été faite par un philosophe auquel j'avais exposé, trop brièvement peut-être, ma doctrine sur ce principe.

C'est déjà dire que je renie le principe dont il s'agit.

Et cependant, il est d'*évidence immédiate !!!*

Les scolastiques se verront-ils donc obligés ou de renoncer à l'évidence immédiate du principe en question ou de récuser ma bonne foi.

Il me semble bien qu'il n'y ait pas d'échappatoire. Et en effet il n'y en a pas là. Toutefois, je sauvegarde ma bonne foi en maintenant au principe son caractère d'évidence immédiate, mais..... je déclare que ce principe, tel que le conçoivent les thomistes, n'énonce pas une proposition d'ordre philosophique.

Je le nie comme principe en philosophie.

Ainsi, je rejette le principe non pas parce qu'il n'est pas d'évidence immédiate, mais bien parce qu'il n'est pas d'ordre *philosophique*, et qu'il ne renferme qu'une affirmation ne s'élevant pas au-dessus de l'ordre banal ou familier.

Les sciences naturelles, comme nous le verrons en traitant de la vérité scientifique, peuvent s'accommoder de ce principe, de là leur *infériorité* ; mais le philosophe ne le peut pas.

Je montrerai qu'au point de vue philosophique le principe en question est faux, qu'il est entaché d'ontologisme, qu'il aboutit logiquement au panthéisme, etc.....

Au point de vue banal la vérité énoncée par le principe est évidente, mais alors précisément il ne s'élève pas au-dessus d'une banalité. On se demandera comment une même proposition peut être évidente et vraie, d'une part; et fausse, de l'autre.

La raison en est simple, c'est que la proposition ne peut avoir le même sens dans les deux cas; dans le premier, la vérité énoncée est indécise et vague; dans le second, il faut pour qu'il y ait véritablement vérité philosophique, lui donner un sens exact et précis.

Or, c'est en précisant le sens qu'on tombe dans l'erreur.

Je prends un exemple : *Mon cheval est vivant.* Évidemment, d'après le principe, je n'ai pas le droit de tenir à la fois cette autre affirmation : *Mon cheval n'est pas vivant.*

Je dois attribuer à ce cheval la vie ou ne pas la lui attribuer. C'est évident; voilà ce que dit le principe, et rien de plus, n'est-il pas vrai ?

Je le répète; c'est évident et vrai; mais à une condition, c'est qu'on donne aux mots employés un sens banal, indécis et vague.

Quand on dit ce cheval est vivant, on n'exprime pas là une vérité philosophique proprement dite, on veut tout simplement dire qu'il n'est pas mort, ou que ce n'est pas un cheval en carton, etc..., et rien de plus. On donne à la proposition un sens *conventionnel-usuel*. Mais cela n'est pas philosophique.

Pour le philosophe, on va le voir, la question se complique nécessairement, car il faut ici préciser.

En effet, quand je dis que ce cheval est vivant, j'entends attribuer la vie à ce cheval.

Mais est-ce d'une façon absolue que j'attribue la vie à ce cheval? Est-ce la vie absolue que j'affirme en lui? ou simplement la vie relative?

Si c'est la vie absolue que j'affirme du cheval; dans la contradictoire, ce cheval n'est pas vivant, est-ce la vie absolue que je nie au cheval? Est-ce la vie relative?

Si au contraire, c'est la vie relative que j'attribue au cheval; dans la contradictoire, ce cheval n'est pas vivant, est-ce la vie relative que je nie? est-ce la vie absolue?

D'autre part, en attribuant au cheval la vie relative, est-ce que je ne lui attribue pas par le fait même une non-vie relative? En d'autres termes, est-ce que l'idée de vie relative n'implique pas celle de non-vie relative ? Est-ce que seule l'idée de vie absolue n'exclut pas toute idée de non-vie ?

Et ce n'est pas tout ; il faut encore ajouter que cette proposition : *Ce cheval est vivant*, au sens relatif, n'a pas, ainsi que l'enseignent les thomistes, pour contradictoire, que cette autre : *Ce cheval n'est pas vivant*, au sens relatif aussi.

Il y a encore deux autres propositions qui lui sont contradictoires, et qui sont : *ce cheval est vivant*, au sens absolu ; *ce cheval n'est pas vivant*, au sens absolu.

Nous voici donc en présence de quatre propositions, qui correspondent à ces quatre plus générales :

1) Je suis (au sens relatif).
2) Je suis (au sens absolu).
3) Je ne suis pas (au sens absolu).
4) Je ne suis pas (au sens relatif).

Or, si les quatre propositions sont contradictoires, (on peut, si l'on veut, leur donner ce nom) elles ne sont pas toutes quatre exclusives l'une de l'autre. La première et la quatrième sont *exclusives* de la deuxième et de la troisième, et *vice versâ* ; mais la première et la quatrième, loin d'être exclusives l'une de l'autre, sont *inclusives* nécessairement l'une et l'autre.

L'être relatif, ou la vie relative, implique nécessairement le non-être relatif, la non-vie relative.

— Seule, l'idée d'être-absolu exclut toute idée de non-être.

— Seule aussi l'idée de non-être absolu exclut toute idée d'être.

On le voit, la question est complexe, si l'on veut préciser ; et il faut préciser, si l'on veut se trouver dans l'ordre philosophique.

La question n'est donc pas aussi simple. Il ne s'agit pas que d'attribuer à une chose « l'être à l'exclusion de *sa* contradictoire » ; il n'y a pas que deux termes, mais il y en a trois. On peut attribuer l'être absolu, l'être relatif, le non-être absolu. Cela correspond aux trois idées que nous avons tous d'*être absolu*, d'*être relatif*, de *néant absolu*.

Entre le « je suis » d'une façon absolue, le « je ne suis pas » d'une façon absolue, il y a le « je suis » d'une façon relative.

Si je dis : je suis, en m'attribuant, *comme il*

*convient*, l'être d'une façon relative et non absolue ; l'autre proposition : je ne suis pas, devra également être prise au sens relatif, et je prétends que ces deux propositions sont également vraies.

Quant à la proposition : je ne suis pas, prise au sens absolu, elle n'est pas plus contradictoire de la première, que celle-ci : je suis, prise au sens absolu.

En d'autres termes ; je suis, au sens relatif, et je ne suis pas au sens absolu, sont contradictoires, comme aussi ces deux propositions : je suis, au sens relatif ; et, je suis, au sens absolu.

Quant aux deux propositions : je suis, je ne suis pas, prises toutes deux au sens relatif, elles se complètent.

Néanmoins je continuerai d'appeler *contradictoires* les deux propositions qui se complètent et sont le résultat de l'analyse de l'être relatif concret. Ce sont deux contradictoires *inclusives*. Et je donnerai le nom d'*exclusives* aux trois contradictoires qui correspondent aux trois idées d'être absolu, de néant absolu, et d'être ou non-être relatifs.

Mon « principe de contradiction » prendra ainsi le nom de *principe d'exclusion*.

Dans la pratique banale de la vie, comme dans les sciences, je tiendrai comme nécessaire, évident et vrai le principe des scolastiques, et je dirai : ce cheval est vivant, je suis libre, l'homme est intelligent, etc...... et je ne supporterai pas la plaisanterie de mon voisin qui viendrait me dire que ce cheval n'est pas vivant, que je ne suis pas libre, etc..... parce que ces premières propositions sont vraies. La raison en est qu'on leur donne un sens usuel, vague, conventionnel. Elles marquent *une* opposition au néant.

En philosophie il faudra préciser ; c'est alors qu'on verra en présence trois propositions *exclusives*, deux propositions *inclusives*.

Or, pour les scolastiques, il n'y a jamais que *deux* propositions contradictoires, dont l'une exclut l'autre, ou exclusives.

C'est ainsi que les scolastiques disent : « *toute chose est ou n'est pas* ». « *Deux contradictoires ne peuvent être vraies ou fausses à la fois* » etc...... On le voit, il n'y a pas place chez eux pour une troisième proposition exclusive de deux autres. De là l'impossibilité le plus souvent de trouver la solution des difficultés. Car précisément lorsque l'objet du problème est l'être relatif, la solution se trouve dans une proposition moyenne, celle négligée par les scolastiques qui vont toujours d'un absolu à l'autre [1].

Les thomistes, qu'on le veuille ou non, ne font pas place à l'être relatif; ils ne le *formulent* pas. De là contradiction et panthéisme.

On verra que toutes nos affirmations sur l'être contingent, pour être vraies, (Il y a une exception apparente, c'est quand l'attribut est représenté par un mot signifiant déjà les deux idées contradictoires inclusives ou l'essence relative.) doivent inclure leur contradictoire sous peine d'être absolues, et par conséquent, fausses.

Ces affirmations contradictoires seront relatives.

Je vais donc directement à l'encontre des thomistes qui disent que deux propositions contradictoires ne peuvent être vraies ou fausses à la fois.

Voici un exemple. Toutes nos affirmations qui

[1]. On comprend qu'une telle manière d'envisager les choses mène au panthéisme. Elle ne fait pas place à l'être relatif.

ont pour objet l'essence de l'être créé pourraient servir d'exemple ; j'en prends un qui sera à la fois utile au point de vue psychologique et montrera du même coup la supériorité et la *nécessité* de cette théorie :

Soit cette affirmation : L'âme est unie au corps. En vertu de leur principe, les thomistes (on doit juger de la teneur du principe dans les applications qu'on en fait) rejettent donc cette autre affirmation : L'âme n'est pas unie au corps.

Après quoi, ils s'étonneront de tomber dans la contradiction en ce qui concerne l'union substantielle du composé humain.

La contradiction est cependant flagrante, et partant en opposition parfaite avec leur propre principe de contradiction.

En effet, de leur propre aveu, le composé humain est une « seule et unique substance ». Or, d'une part elle est spirituelle, pour penser et vouloir ; d'autre part, elle est non-spirituelle pour sentir, végéter, peser, etc.... donc elle est à la fois spirituelle et non-spirituelle.

Après cela ils auront beau s'escrimer, faire intervenir avec beaucoup de subtilité, je l'avoue, les « distinctions formelle, virtuelle, virtuelle intrinsèque, etc... se diviser en scotistes ou formalistes, la conclusion restera la même, elle est *formelle*, *logique* et *contradictoire*, contraire à leur principe : l'unique substance est spirituelle et non-spirituelle à la fois.

Or la difficulté se résout d'elle-même, si nous tenons simultanément ces deux affirmations : l'âme *est unie* (union relative) au corps ; et elle *n'est pas unie* (non-union relative) au corps.

Ces deux propositions explicites sont renfermées implicitement dans cette unique affirmation (celle-là ne sera pas contradictoire d'elle-même !) : l'âme *s'unit* au corps. S'unir indique une union en acte et en puissance (motus, vie).

L'âme *informe* le corps. L'acte d'informer est un acte-en-puissance, à moins que ce ne soit un acte pur ! ce qui n'est pas du goût des thomistes ni du mien d'ailleurs.

Mais !..., la théorie aristotélicienne de l'acte et de la puissance, qui est non seulement admise par S¹ Thomas, mais qui fait le fond, je dirai, de son système, ce n'est autre que l'affirmation simultanée de deux contradictoires dans une chose ! et c'est cette théorie même que je vais développer et appliquer à tout l'être créé, à tout ce qui n'est pas acte pur et qui est.

Or dans l'acte-en-puissance il y a l'acte et la puissance ; l'acte est considéré en puissance ; et la puissance, en acte.

L'acte-en-puissance ! Mais c'est notre idée d'être relatif, d'être concret. — Par abstraction, nous saisissons dans cet acte-en-puissance, l'idée de puissance qui n'est pas absolue mais en acte, telle est notre idée abstraite de non-être, non pas absolu mais de non-être qui est, idée abstraite de non-être relatif.

Et nous saisissons aussi dans cet acte-en-puissance, chose concrète, l'idée abstraite d'acte, qui n'est pas absolu ou pur mais en puissance, telle est notre idée abstraite d'être non pas absolu, mais d'être qui n'est pas, idée abstraite d'être relatif[1].

Et ainsi, au moyen de ces deux notes relatives : puissance et acte, nous saisissons la chose concrète, l'acte-en-puissance, l'être relatif

---

1. Il ne faut pas confondre l'idée d'être relatif abstrait avec celle d'être relatif concret ; de même l'idée de non-être, etc..... Les premières correspondent aux idées de forme et matière, les secondes à la chose concrète.

concret, notre être non-infini, notre *movens*.

Revenons à notre exemple. Quand je dis l'âme informe le corps, l'information n'est pas complète parce que l'acte d'informer ou d'union n'est pas Acte pur. Il restera toujours quelque chose à information, ou une information en puissance ; c'est pourquoi il est vrai de dire : l'âme informe et n'informe pas le corps ; elle n'est qu'en acte et en puissance d'informer. Pour le dire en passant, ce sera cette puissance passant essentiellement à l'acte d'informer, qui constituera le mouvement vital organique ou corporel, la vie organique, végétative et animale. Pour résoudre l'objection de tantôt, on dira donc que l'âme est non spirituelle ou corporelle en tant qu'en acte d'information ou d'union avec la matière première, et ainsi elle sent, végète, etc... mais elle est spirituelle en tant qu'en puissance d'union ou d'information, donc capable de pensée et de volition.

Ainsi entendu, l' « unique substance » sera l'âme, qui est *spirituelle* (âme proprement dite) en tant qu'en puissance d'information, *non-spirituelle* (le corps vivant) en tant qu'en acte d'information. Il n'y a pas là contradiction ou absurdité parce que les deux termes sont pris dans un sens relatif.

L'âme n'est pas un esprit pur parce qu'elle est en acte d'informer une matière première (à définir), elle est esprit en tant qu'en puissance de l'informer.

L'unité substantielle du composé humain ne sera donc pas une unité absolue, ou en Acte Pur, seule l'Unité de la nature divine est absolument Une, mais ce sera une unité en acte et en puissance. Je ne sache pas que les thomistes parlent d'une unité en acte et en puissance.

Qu'est cependant l'unité qui n'est pas absolue ou en acte pur ?

Pour mieux faire ressortir le caractère de cette union relative entre l'âme et le corps, il suffit de la mettre en opposition avec l'Union des natures divine et humaine dans et par la deuxième Personne divine, qui est Acte pur.

Ici l'Union est complète et absolue parce que l'Acte qui Unit est Acte pur. (On comprend que l'Union ne sera pas ici substantielle)[1].

---

1. Je ne dis pas que les deux natures sont unies de façon à ne former qu'une nature, mais que l'acte qui les Unit est Acte pur, la deuxième Personne divine.

4.

En résumé, le principe de contradiction des scolastiques n'a aucune valeur philosophique, quelle que soit la manière dont on l'énonce : « La même chose ne peut pas à la fois être et ne pas être ; deux propositions contradictoires ne peuvent être vraies à la fois ; toute chose est ou n'est pas ; deux propositions contradictoires ne peuvent être fausses à la fois »[1].

Ces propositions n'ont pas un autre sens qu'un sens banal, parce qu'elles manquent de préci-

1. Il y a encore cette autre formule : « Ce qui est, est ». Cette proposition est vraie, en tant qu'il est possible d'accorder aux deux mots « est » le même sens, c'est alors une tautologie. Dans le cas contraire, elle est fausse.

Les thomistes répondront que je fais dire au principe beaucoup plus qu'il ne contient, qu'il ne marque que l'opposition entre le néant *absolu* et l'être. Ce qui serait d'ailleurs insuffisant. Pour se convaincre de leur erreur, car on juge de l'arbre à ses fruits, qu'ils regardent dans toute l'étendue de leur système, l'application qui en est faite.

Je dis entre le néant *absolu* et l'être, car il n'y a évidemment pas exclusion entre le néant et l'être ; témoin l'être relatif.

Nous n'avons d'ailleurs l'idée de *néant absolu* que par l'idée d'*être relatif*, de laquelle nous sommes en voie d'exclure toute idée d'être.

sion et d'exactitude. Or, ces choses sont essentiellement de rigueur en philosophie.

Ce qui prouve qu'il n'y a pas précision, c'est que dans toutes ces propositions il n'y a en présence que deux termes ; or, si l'on veut préciser, un troisième terme surgit ; on a alors les idées 1) d'être absolu, 2) de néant absolu, 3) d'être relatif ou néant relatif, pouvant être attribuées à priori à la chose.

Enfin dans le troisième terme, être relatif (ou néant relatif) les idées de non-être et d'être, loin de s'exclure, s'impliquent l'une l'autre.

Si l'on précise, on voit donc clairement qu'entre les deux alternatives s'en place une troisième, que les deux autres peuvent à priori être fausses, et celle-là vraie.

Et il pourra se faire que celle-là soit la vraie qui implique l'être et le non-être, comme il arrive lorsque le sujet est une chose non-infinie ou relative ; ou bien que celle-là soit la vraie, qui implique l'être à l'exclusion de tout non-être, ainsi qu'il arrive lorsque le sujet est un être absolu ; ou enfin que soit vraie celle qui implique le non-être à l'exclusion de tout être, ce qui arrive quand le sujet est le non-être absolu, pur être de raison.

Ce principe ne saurait donc avoir droit de domicile en philosophie ; au mépris de ce droit, les thomistes lui ont donné une place, et une place d'honneur.

Voyons donc les erreurs qu'il contient en lui-même, comme principe philosophique, et celles auxquelles il conduit nécessairement.

J'essaierai d'établir 1) qu'il est faux ; 2) qu'il est entaché d'ontologisme ; 3) qu'il renferme une double pétition de principe, à savoir l'affirmation à priori du temps et de l'identité absolue de la chose. Enfin 4) je montrerai que la contradiction et le panthéisme, car c'est tout un, sont les conséquences nécessaires du principe ; cette dernière erreur est en germe dans l'ontologisme que renferme ce principe.

### I. CE PRINCIPE EST FAUX

Je serai bref, pour ne pas revenir sur ce que j'ai dit.

En analysant l'être contingent, le premier être que nous connaissons, nous découvrons les deux idées d'être et de non-être. Nous affirmons nécessairement qu'elles lui sont essentielles.

Si de l'être concret ensuite, nous affirmons l'idée d'être à l'exclusion de l'idée de non-être, nous avons le concept de l'être concret absolu ou infini et non plus de l'être relatif ou non-infini. C'est évident.

D'ailleurs le changement est essentiel à la chose créée. Nous l'avons vu et j'y reviendrai plus tard. Pour admettre les changements accidentels, les scolastiques admettent néanmoins le changement substantiel ; or, je vous le demande, qu'est la substance en tant qu'elle change ? Il faut, en tant qu'elle change, qu'elle ne soit pas absolument identique à elle-même ; elle n'est donc pas elle-même, absolument parlant, ou en acte pur ; elle est elle en acte et en puissance, c'est-à-dire qu'elle est elle et ne l'est pas.

Elle est relativement elle et autre relativement. Elle est à la fois acte et puissance. L'acte est en puissance et la puissance en acte ; l'acte en puissance c'est elle devenant, étant autre ; et la puissance en acte, c'est l'autre devenant, étant elle.

Ce qui change, d'après St Thomas et Aristote, est tel et non tel, acte et puissance, être et non-être donc.

C'est-à-dire que nous ne pouvons saisir ce qu'elle est d'une façon déterminée, puisqu'elle ne l'est pas elle-même, mais nous saisissons en elle un être indéterminé, ou quelque chose qui n'est pas et qui est; qui est en voie d'être, un être en puissance et en acte, en d'autres termes un être qui n'est pas (relativement) et qui est (relativement).

Il me paraît donc évident que dans l'être non-infini, nous concevons les idées d'être et de non-être comme lui étant essentielles, et que nous devons attribuer à cet être ces idées, sous peine d'avoir non plus le concept de l'être non-infini ou relatif, mais bien le concept de l'Être absolu ou infini.

Et ainsi, à l'encontre des thomistes, je prétends que toute proposition ayant pour objet l'être contingent, pour être vraie, doit être accompagnée de sa contradictoire, donc il est faux que « deux propositions contradictoires ne peuvent être vraies à la fois ».

Exemple. Quand je dis : je suis libre, si je m'attribue l'être-liberté à l'exclusion de sa contradictoire, de la non-liberté, je m'attribue la liberté absolue; or, ma liberté n'est que relative. La liberté absolue n'est qu'en Dieu. Je dois donc inclure l'idée de non-liberté, et dire à la fois : je suis libre et non-libre, ou, je suis et ne suis pas libre,

En d'autres termes, ma liberté, ou mieux, mon acte de me déterminer librement n'est pas un acte pur, mais un acte-en-puissance, dans lequel nous découvrons l'acte ou l'être-liberté; et la puissance, la non-liberté.

C'est l'étude des difficiles problèmes concernant la liberté créée, en elle-même et dans ses rapports avec Dieu—Cause ou — Connaissance, qui m'a amené à la théorie en question.

Ici comme ailleurs, c'est parce que les thomistes sont absolus qu'ils aboutissent à la contradiction, dont témoignent les diverses écoles sur le Concours divin, etc..... J'y reviendrai en traitant de la liberté dans les êtres créés, et on verra quelle lumière cette théorie a jetée sur cette question !

Nous avons vu aussi comment deux propositions contradictoires peuvent être fausses à la fois. Exemple : je suis (au sens absolu), et, je ne suis pas (au sens absolu). Ces deux affirmations sont bien contradictoires et évidemment fausses.

Elles sont aussi contradictoires entr'elles et avec cette troisième, que celle-ci l'est avec les autres : je suis (au sens relatif).

## II. CE PRINCIPE EST ONTOLOGISTE

Je prétends que ce principe est entaché d'ontologisme, parce qu'il attribue à la chose, quelle qu'elle soit, l'être à l'exclusion de sa contradictoire, du non-être. Or, l'être à l'exclusion du non-être, c'est l'Être absolu.

Ce principe suppose donc que toute idée d'être est l'idée d'être absolu, car *si une idée d'être peut ne pas être celle d'être absolu, on ne doit pas nécessairement et à priori* attribuer à une chose quelconque cette idée d'être absolu ou d'être à l'exclusion du non-être, par le fait même qu'on lui attribue l'idée d'être.

A l'encontre des ontologistes, si notre première idée d'être n'est pas celle d'être absolu ou excluant le non-être, on ne peut pas à priori dire que cette idée d'être excluant le non-être est nécessairement applicable à une chose. Or, c'est ce qu'on dit en prétendant que l'idée d'être attribuée à une chose doit toujours l'être à l'exclusion du non-être.

Cet ontologisme dont est empreint le principe de contradiction, et dont sont imbus les thomistes, ressort à l'évidence, quand ils définissent l'être « fini » un être qui a une limite, c'est-à-dire un terme au delà duquel il n'est plus ». Ce qui revient à dire qu'en deçà du terme ou de la limite, l'être Est. Nous l'avons vu.

On oublie que notre connaissance procède par abstraction, et que notre abstraction est toujours incomplète ou imparfaite, c'est-à-dire que notre acte d'abstraire ou de séparer qui est un acte-en-puissance *reste toujours en puissance d'abstraire ou de séparer.*

Nous n'arriverons jamais à *avoir séparé* dans notre intelligence l'être du non-être, sans quoi nous aurions eu le concept adéquat de l'Être absolu, nous aurions conçu Dieu d'une façon adéquate d'une part, et d'autre part nous aurions eu le concept de Néant absolu. Or, le concept adéquat de l'Être absolu est Être absolu, c'est Dieu lui-même, et le concept adéquat du Néant absolu ne représentant absolument rien, est un non-concept absolu, c'est le Néant absolu.

On le voit, ces deux idées, être et non-être, sont inséparables dans notre intelligence.

Par elles, nous concevons l'être relatif ou indéfini, et nous sommes en voie d'atteindre les concepts de l'Absolu-être et de l'Absolu-néant.

Nous concevons l'Absolu comme le terme que

ne peut atteindre notre acte (nécessairement en puissance) de séparer l'être du non-être.

Si nous pouvions arriver à séparer, ou mieux, à avoir séparé notre idée d'être de toute idée de non-être, nous aurions, ou mieux, nous aurions eu l'idée adéquate d'Être absolu ; et, cette conscience que nous avons que ce travail est indéfini nous donne l'idée de l'*indéfini*, et par elle celle d'*infini*.

L'infini nous est ainsi représenté comme le terme que ne peut atteindre l'indéfini.

Nous le connaissons ainsi d'une façon à la fois *négative* et *indéfinie*.

Cet acte indéfini essentiel à la créature explique le « totum sed non totaliter » des théologiens, appliqué à la vision béatifique. Les élus ayant une connaissance directe et positive de Dieu, le voient « Totum » puisqu'il est simple, « sed non totaliter » en ce sens que leur acte de voir ou de connaître ne sera jamais complet ou Acte pur, mais qu'il sera nécessairement et toujours acte-en-puissance, et qu'il y aura toujours une puissance à actualiser et s'actualisant.

Le « Totum » porte sur l'objet, le « non-totaliter » sur le sujet ou acte connaisseur.

Nous avons vu en détail comment dans l'être « fini » il n'y a *ni d'au delà de la limite, ni d'en deçà*, pour le double motif que nous n'atteignons ni la limite où le non-être comme tel, ni le néant comme Néant absolu, ni l'être comme Être absolu ; c'est-à-dire que ni l'un ni l'autre ne sont séparables absolument dans notre intelligence.

Nous ne pouvons donc pas concevoir, dans l'être limité, l'être abstraction complète faite de son non-être, ni son non-être abstraction complète faite de son être.

Et ainsi, ne le concevant pas, nous ne pouvons pas lui attribuer l'être à l'exclusion du non-être.

Car pour attribuer, il faut concevoir ; et pour attribuer à priori, ainsi que le fait le principe, il faut concevoir à priori..... l'idée d'être à l'exclusion de tout non-être, l'idée d'Être Absolu.

C'est ontologiste.

III. CE PRINCIPE RENFERME UNE DOUBLE PÉTITION DE PRINCIPE

A. Il implique à priori l'existence du temps. N'ayant pas lu tous les thomistes, et voulant m'adresser à tous, je les place en deux catégories. Dans la première sont les thomistes qui affirment que le principe de contradiction ne renferme pas la notion de temps. Cette affirmation ne tient pas, car il est par trop évident que lorsque le sujet est un être contingent, il peut être (aujourd'hui) et ne pas être (demain).

On verra plus loin, à propos de l'identité de la chose, par quel subterfuge on prétend pouvoir éliminer du principe la notion de temps.

Dans la deuxième catégorie, sont ceux qui soutiennent que le principe renferme nécessairement la notion de temps. Or, si le principe implique cette notion 1) il n'est plus universel, 2) il renferme une pétition de principe.

1) Le principe n'est plus universel. En effet, il ne s'applique plus à l'être non-contingent. Il est faux et absurde de dire : Dieu est libre aujourd'hui, Dieu sera bon demain. L'Être absolu est absolument indépendant du temps, et telle proposition qui Le lie au temps, Le met sous la dépendance du temps, est fausse.

2) Le principe renferme une pétition de principe. En effet, l'existence du temps n'est pas une vérité d'évidence immédiate. A celui qui serait tenté de prétendre le contraire, je le renvoie à une brochure ultérieure où je montrerai que le temps n'existe pas comme tel.

Qu'on me permette ici une digression. A l'analyse, l'idée de temps nous fournit trois notes essentielles : le passé, le présent et le futur. Le présent seul, dit St Thomas est objectif. Le passé et le futur sont subjectifs. Seulement, je me demande comment il pouvait objectiver dans une créature dite « *finie* » un présent qu'à juste titre il considérait comme « *indéfini* ».

Pour moi, plus heureux que lui (au moins sous ce rapport !) je pourrai objectiver le présent qui est indéfini, présent que j'appelle *temporel* pour le distinguer du Présent *Eternel*, dans la créature, dans l'être non-infini, dans l'être indéfini.

Pour moi, qui considère la créature comme un être indéfini, un acte-en-puissance, le présent, au point de vue objectif ne sera autre que la créature, l'acte-en-puissance en tant qu'*acte*. Tel est le présent temporel, ou, le *temps* au point de vue objectif.

De même, le Présent éternel, ou l'Eternité au point de vue objectif, n'est autre que l'être infini en tant qu'acte pur, c'est l'Acte pur.

Mais si l'existence du temps comme tel, n'est pas d'évidence immédiate, le principe qui le suppose devient hypothétique, et comme toute démonstration suppose ce principe d'après les scolastiques, toutes les conclusions devront donc conserver ce caractère hypothétique.

Or, en fait les scolastiques ont passé outre, et ont donné à leurs conclusions un caractère non hypothétique.

Ils ont donc à priori affirmé l'existence du temps.

C'est une véritable pétition de principe.

Quant à l'existence du temps, on ne peut plus la démontrer, puisque toute démonstration suppose ce principe, et que celui-ci le suppose.

J'essaierai de démontrer plus tard que l'existence du temps comme tel implique contradiction, c'est-à-dire est contraire au principe *hypothétique* en question.

Le temps existe non pas comme tel, mais comme présent ; en cela je suis l'opinion de S\* Thomas.

Donc, en définitive, pétition de principe par affirmation à priori de l'existence du temps impliquée dans le principe de contradiction.

Kant avait remarqué dans ce principe cette affirmation à priori de l'existence du temps, il la crut nécessaire, de là ses idées à priori, et son subjectivisme. On le voit, les scolastiques ne sont pas tellement éloignés de Kant ici, car la pétition de principe n'est autre que l'« affirmation à priori ».

Kant n'a fait qu'ériger en principe la pétition de principe qu'est le principe des scolastiques.

Donc, le principe de contradiction, si l'on veut le soustraire à la pétition de principe devra garder indéfiniment un caractère hypothétique ainsi que toutes les conclusions. Elles seront hypothétiques quant au temps. Les sciences naturelles, qui s'appuient sur ce principe, ne sont donc qu'hypothétiques.

Mais il y a plus que l'existence du temps impliquée dans le principe, car celle-ci implique à son tour la *succession réelle* et l'idée de *simultanéité*.

A la base du système se trouvent donc bien des hypothèses prises pour des réalités.

Nous voilà loin de l'affirmation de Balmès :
« Le principe de contradiction ne suppose
« qu'une chose, l'existence de la chose ; si telle
« chose est, etc... »

B. Le principe implique aussi l'identité :
« *Idem* non potest simul esse et non esse ».

Encore une fois le principe reste dans le vague au sujet de cette identité. Or, deux cas sont possibles, il peut s'agir 1) d'une identité absolue 2) ou d'une identité relative.

1) S'il s'agit d'une identité absolue, alors le mot « simul » est en trop ; car si la chose est absolument identique à elle-même, non seulement elle ne peut pas être telle chose et telle autre *simultanément*, mais même *successivement*. C'est ce que Mgr Mercier fait très bien remarquer à la page 258 de l'ouvrage cité plus haut, quand il dit que « pour voir comment le principe « se vérifie toujours, abstraction faite de toute « condition temporelle [1], il est essentiel de sou- « ligner un *même* sujet..... Un sujet supposé « *formellement* le même » dit-il plus loin. Mais ce que l'auteur ne voit pas, c'est que son principe ne sera plus universel, il ne pourra plus s'appliquer à la chose contingente, il ne s'applique qu'à l'être absolument identique à lui-même, à l'Être absolu, ou à l'être..... « *supposé* » [2] tel !!!

1. Pour l'auteur en question l'idée de temps n'est pas renfermée dans le principe.

2. « Un sujet *supposé* formellement le même », Monseigneur Mercier.

2) S'agit-il au contraire d'une identité relative ? Dans ce cas, nous l'avons vu, la chose qui n'est identique à elle-même que relativement, change ; et, en tant qu'elle change, elle est et n'est pas telle. Ce qui est contraire au principe.

Au fond, on le voit par cette finale, dans l'énoncé du principe il doit s'agir d'une identité absolue. Or l'identité absolue n'est qu'en Dieu, c'est Dieu, et on accorde au principe le caractère de l'Universalité, donc à priori on l'attribue à toute chose, à la chose créée. C'est une erreur et panthéiste.

Resterait une ressource : Renier au principe son caractère d'universalité, ne l'appliquer qu'à la chose absolument identique à elle-même, (à Dieu) qui « ne peut pas ne pas être ».

Ainsi entendu, je l'admets, mais ce n'est plus là le principe de contradiction, c'est une simple proposition exprimant l'essence *divine*, comme la proposition inverse : une chose qui est et qui n'est pas, exprime l'essence *contingente*.

### IV. LES CONSÉQUENCES DU PRINCIPE DE CONTRADICTION

Avec un tel principe, pas n'est étonnant que l'on arrive aux absurdités que l'on rencontre si souvent dans les diverses parties de la scolastique.

L'erreur fondamentale du principe est l'ontologisme. On sait que l'ontologisme mène droit au panthéisme.

Aussi, je vois les idées panthéistes poindre de toutes parts dans le thomisme actuel.

La première idée qui surgit du principe est l'idée du « fini »; on a vu qu'elle était ontologiste, *panthéiste* en elle-même et dans ses conséquences; qu'on se rappelle le dilemme *panthéi-scolastique*.

De cette notion erronée du non-infini dépendra, nous le verrons dans la prochaine publication, la notion scolastique de la *substance*, qui nous mène au panthéisme et au *phénoménalisme*; car après avoir fait l'être « fini » il fallait nécessairement séparer réellement en lui *l'acte* de la substance. « En Dieu seul, disent les scolastiques, l'acte se confond avec l'être ».

Pourquoi disent-ils cela? — Parce qu'ils considèrent dans l'être créé, l'être comme quelque chose qui *est*, la chose en soi ou la substance. Or, concevant que l'acte de la créature n'est pas acte pur, ils ne peuvent l'identifier avec cet être qu'ils considèrent d'une façon absolue, ou en soi.

S'ils avaient considéré l'acte d'être de la créature comme un acte en puissance, l'action de la créature eût pu s'identifier avec son être, acte-en-puissance comme elle.

Toutefois, et cela est important, si je nie la différence réelle entre la substance et son acte, on verra, et cette remarque est nécessaire au point de vue philosophique comme au point de vue théologique (question des accidents eucharistiques), 1) qu'en outre de la substance qui se confond avec son ou ses accidents essentiels¹,

---

1. Les scolastiques s'accordent à dire que tout ce qui est être est propre à Dieu, que tout ce qui est non-être est impropre à Dieu, que le non-être est propre à la créature. Or, la contingence ou l'*accident*, de leur aveu encore, est impropre à Dieu et propre à la créature.

Il est étrange, après cela, de les voir déclarer que l'accident est *être* « ens-entis ». Pour moi, l'accident que j'appelle essentiel à la créature, c'est le *non-ens-entis*, non-ens *relatif*, c'est la *puissance*-en-acte.

C'est par la *puissance* (puissance-en-acte), que l'acte, qu'est la créature, n'est pas *pur*. C'est le *motus* essentiel à l'être créé. Notre mode est un mode de ne pas être. Il consiste dans un mouvement essentiel ou passage du nonc'est ainsi que je les appelle, je conçois les accidents sensibles ou apparents, autrement dit les phénomènes proprement dits, ou les apparences *objectives* ou encore l'*espèce sensible*; 2) que cette identité de la substance et de son acte n'est pas absolue mais bien *relative*, nous admettons donc la différence réelle relative; 3) qu'il y a lieu de distinguer dans la substance, la substance proprement dite, c'est-à-dire la substance prise dans son ensemble, considérée selon sa modification, c'est l'acte-en-puissance proprement dit, et cette même substance considérée seulement comme acte; en d'autres termes il y a la substance selon ce que nous appelons le temps, et la substance selon le présent.

Après avoir donné lieu au phénoménalisme, cette fausse notion de substance ou de chose en soi, a fait naître l'*occasionnalisme*, auquel les scolastiques n'ont à opposer qu'un argument de sens commun, qui ne détruit nullement le pourquoi ou la raison d'être de l'occasionnalisme.

Les phénoménistes et les occasionnalistes sont

être à l'être (passage impliquant l'Acte créateur et providentiel). Telle est la créature, par opposition au Créateur qui est Acte pur d'être.

logiques, c'est leur point de départ qui a été faux, et le *Concours Divin* dans une aucune école n'échappe à la contradiction.

On verra ultérieurement comment se résout cette difficulté.

En psychologie on aboutit à la *contradiction*, comme nous l'avons vu à propos de l'union de l'âme et du corps. Et je ne vois pas comment on pourrait échapper à certaines objections des *matérialistes* après avoir fait, selon les thomistes, une *différence réelle*, à propos de l'acte humain, *entre l'acte spirituel et l'acte corporel*. Il faut arriver, au contraire, à considérer l'acte humain, comme à la fois spirituel et organique, comme étant le fait d'une substance spirituelle et corporelle à la fois, le fait de l'âme en tant qu'en puissance et en acte d'union avec une matière première.

De la priorité de temps dont parle St Thomas, quand il dit : « Nihil est in intellectu quod non priùs fuerit in sensu », nous ferons une priorité logique : il faut sentir pour penser, comme il faut végéter pour sentir, et être pour végéter.

J'ose espérer que le lecteur a déjà entrevu que cette nouvelle manière de penser nous est un moyen d'aplanir bien des difficultés tant en théodicée qu'en ontologie, psychologie, morale, etc...

Toutefois, qu'on le remarque, cette manière de connaître reste imparfaite parce que *relative*.

Comme conclusion, au principe de contradiction, qui est bien le principe de la contradiction, et auquel je ne puis accorder un caractère philosophique, je substitue cet autre, que pour distinguer du premier, j'appelle le principe d'exclusion, et qui se formule comme suit :

*Principe d'exclusion.* — Il y a exclusion entre l'être absolu, l'être relatif, et le non-être absolu.

On verra, en psychologie, la nature de cette exclusion.

*Corollaire.* Les idées abstraites d'être (relatif) et de non-être (relatif) sont inclusives.

Elles nous représentent l'être concret relatif, ou non-infini, ou encore indéfini.

Mon principe de contradiction, si l'on veut toutefois conserver ce nom, reviendra donc à ceci :

*Principe de contradiction en philosophie.* — Il faut que la chose,

(1) ou *soit* (idée d'être à l'exclusion de toute idée de non-être, être absolu) ;

(2) ou *soit et ne soit pas* (idée d'être avec inclusion de l'idée de non-être, être relatif);

(3) ou *ne soit pas* (idée de non-être à l'exclusion de toute idée d'être, néant absolu).

Ce qui revient à dire qu'à toute chose il faut attribuer ou l'idée d'*être absolu*, ou l'idée d'*être relatif*, ou l'idée de *néant absolu*.

En terminant, je fais remarquer, qu'ici, dans l'énoncé du principe, 1) la question de succession et de simultanéité, et partant de *temps*, ne se pose pas; 2) la notion de l'*identité* de « la chose » se confond avec celle d'être : (a) si l'être est absolu, l'identité est absolue; (b) si l'être est relatif, l'identité est relative; (c) enfin s'il s'agit du néant absolu, absolument aucune identité ne lui est concevable.

L'identité est donc une notion positive. C'est l'être. C'est aussi l'unité, etc.....

Encore un mot. Quand je dis que les notions d'être, d'identité, etc... sont *identiques*[1], la question est de savoir s'il s'agit d'une identité absolue ou relative. Voici la réponse : Si ces notions sont prises au sens absolu, leur identité sera

---

1. « Se confond ».

absolue. En Dieu donc l'Être, l'Identité, l'Unité, etc... sera une seule et même chose, absolument parlant, c'est Dieu.

Si au contraire ces notions sont prises au sens relatif, leur identité sera relative. En effet, dans l'être relatif concret, l'être n'est pas lui-même (pronom), n'est pas l'être, mais diffère de lui-même, donc l'identité concrète (l'unité, etc...) qui est l'être relatif, qui est relative, ne saurait, absolument parlant, être elle-même, ou l'être.

Elle ne l'est que relativement, puisque l'être ne l'est que relativement.

On voit par cet aperçu que la diversification et partant la pluralité des notions naît de la négation de l'être, ou mieux de notre manière de connaître la chose au moyen d'une négation. C'est important.

*(A suivre).*